QUAND ON AURA ENCORE UNE FOIS GRANDI

Partie 2

BASTIEN DENIS

Message de l'auteur

Tout d'abord, merci d'avoir acheté la deuxième partie de ce livre. Si vous n'avez pas commandé mon premier livre je vous conseille de le faire pour pouvoir comprendre toute l'histoire. Dans l'intention, je ne voulais faire que deux livres seulement mais je me suis dit que faire une trilogie ce serait beaucoup mieux. Surtout qu'à la fin de ce livre, il y a une grosse annonce. Sur ce petit message, je vous souhaite une bonne lecture.

Chapitre 1:
Mes intentions passées

Il y a quelques années, j'ai avoué à mes amis pendant une soirée que je voulais me défaire de tout le monde y compris ceux qui me sont chères. Mon but était de me retrouver seul sans personne à aimer pour pouvoir partir en paix. Je me souviens que je pleurais quand j'était en train de prononcer ces mots. Et depuis, j'ai plutôt réussi cette idée que l'on peut juger de stupide. Seulement de mon point de vue, je trouvais ça plutôt intelligent de se mettre les personnes à dos. Au moins je pourrais mourir sans manquer à personne. Finalement pour certains anciens amis, je n'ai pas eu à faire grand-chose pour qu'il me lâche. Il faut croire que ceux-là n'étaient tout simplement pas des bons. En tout cas, une bonne chose de faite... Aussi cela faisait longtemps que j'avais des pensées suicidaires, à vrai dire, depuis le collège. Je n'ai jamais réussi à m'en débarrasser... Pour autant, je suis toujours là avec vous sur cette vieille Terre. Je vous laisse maintenant lire la suite de ce livre.

Chapitre 2:
Mon enfance, Ma scolarité

Je suis né un lundi 16 février à 00h10 et je suis le petit dernier de ma famille. Au-dessus de moi se trouve mon grand frère et encore au-dessus se trouvait ma grande soeur. Ma mère et mon père étaient déjà mariés à ce moment-là. Il ne restait qu'à me baptiser, je pense que c'était une décision qui venait plus de ma mère car elle était très catholique. Faisons un grand pas en avant jusqu'à l'école primaire. Soyons hônnette c'est à cet-âge-là que nous volons de conquête en conquête sans le vouloir en plus ! On ne comprend pas ce que nous faisons mais on est heureux d'avoir notre petite copine. Moi ? Non je n'étais pas très sociable avec les autres donc c'était déjà très compliqué d'avoir une petite copine. Mais je ne me plaignais pas pour autant de ma situation, au contraire j'étais quelqu'un de solitaire. Jusqu'au jour où j'ai eu mon premier meilleur ami. Il se nommait Adrien et on faisait tellement de bêtises ensemble. Le temps passe, les anniversaires tombent, et je fais la connaissance de deux autres personnages Paul et Nathan. Deux amis de plus dans ma si petite liste. À partir de là, vous pouvez vous en douter j'ai commencé à m'ouvrir un peu plus au monde qui m'entoure. J'avais trois précieux amis qui étaient là pour me faire rire et pleurer.... De rire ! Cela me faisait beaucoup de bien car mes notes et les bulletins me faisaient assez peur. J'ai d'ailleurs rencontré Paul et Nathan grâce au faite que j'ai redoublé en CM1. Je me souviens avoir eu une bonne relation avec ma maîtresse, j'aurais aimé la cité mais malheureusement je ne me rappelle plus de son prénom. C'était la seule qui faisait réellement son travail car elle m'aidait et ce même si je mettais beaucoup de temps à comprendre les choses. À la toute fin de l'année scolaire, j'aurais laissé ma trace dans cette école grâce à une mosaïque. D'ailleurs, aujourd'hui elle est toujours en place donc si vous voulez la voir, elle se trouve à l'école primaire d'Asnières-sur-Nouère. Donc à la fin de l'année, Adrien est parti et je ne l'ai jamais revu depuis. Il n'aura donc pas pris le même collège que le mien. Pendant tout ce temps à la maison, la vie était plutôt normale mes parents discutaient entre eux et je m'entendais plutôt bien avec mon frère et ma soeur même si évidemment, il y avait parfois quelques tensions. Même si je m'entendais bien avec eux, mon frère et ma soeur étaient très souvent ensemble et je me sentais parfois seul. À partir du collège, mon existence commence à dérailler, à cause de ma silhouette ronde ainsi que de mes verres de lunettes épais je faisais l'objet d'insultes et de bagarres à répétitions. Mes notes étaient toujours aussi basses j'avais beaucoup de mal à être concentré en cours je ne sais toujours pas pourquoi aujourd'hui. Les professeurs étaient plutôt du genre à faire leurs cours sans demander si quelqu'un avait compris. Cela dit, je les comprends car quand on a des éléments perturbateurs dans la classe c'est plutôt difficile de faire cours et de prendre du temps pour les élèves qui essaient de comprendre. Mais quand on choisit ce métier il faut s'attendre à avoir ce genre de chose et donc accepter de l'exercer correctement. Avec les bagarres ainsi que les insultes à mon égard, ma mère a fini par l'apprendre et me changea donc d'établissements. J'arrive donc à la MFR de Triac Lautrait en classe de 4ème. Comme le sigle de MFR signifie Maison Familiale Rurale je me suis dit que ça allait être un nouveau départ pour moi et que ça allait me faire du bien moralement même si j'ai laissé involontairement mes amis Paul et Nathan derrière moi. Mais je me suis trompé car dès la visite de l'établissement par un élève, je me sentais vraiment pas apprécié par cet étudiant. Par la suite, bien arrivé dans ma nouvelle classe, personne ne me posa de questions ou m'approcha. Pire encore, un petit temps après mon arrivée, je fus encore l'objet de moquerie. Pour moi c'était tout nouveau le fait de dormir sur place et cela ne m'arrangeait pas du tout vu l'ambiance qui régnait autour de ma personne. Je fus de marbre en attendant les jours qui passent. Le vendredi était une réelle libération, j'avais toujours hâte de rentrer chez moi. Dans cette année, j'ai commencé à me mutiler à l'aide d'une lame de taille crayon. Les professeurs voyant mes marques inscrites sur mes pauvres bras, me demanda ce qui se passa et je leur ai tout dit. Je n'ai cependant pas vraiment eu de réconfort ils cherchaient juste à faire leur travail. Par la suite, j'ai commencé à fréquenter un psychologue privé et cela me faisait d'ailleurs beaucoup de bien. Il était compréhensif, me posait des questions et noté quasiment tout ce que je disais. Seul point négatif c'était qu'il était cher, mais pour le bien qu'il me faisait ce n'était pas grand-chose. Un soir à l'internat, après une journée de moquerie et d'écart de la part de tous les élèves de ma classe, un garçon de ma chambre se moqua de moi par rapport au gros verre de lunettes que je porte. Je descendis de mon lit à la vitesse de l'éclair avec un regard de truant... Lui ? Couru vers les toilettes de la chambre et s'enferma à l'intérieur, moi à l'extérieur tapa fort sur la porte. Le surveillant de nuit entendant les coups que je donnais, entra assez vite dans la chambre et je lui expliqua ce qui se passa. Depuis cette altercation, je demanda à mon psy de ne plus dormir à la MFR. Seulement voilà, quand je rentrais le soir chez moi, le lendemain je posais problème par rapport à mes parents pour retourner à la MFR. La solitude, les insultes, l'atmosphère pesante me repoussa de cet endroit. J'ai dû endurer tout ceci pendant 2 ans. Et bien je vous assure que cela vous change dans le mauvais sens. Je veux dire que j'ai finalement fini par "accepter" de vivre avec ça... J'ai dû me créer une bulle protectrice composé de beaucoup de solitude. Mon inventaire du quotidien était composé d'angoisse, de musiques et d'un casque. En bref, je me suis juste fermé complètement. En classe de 3ème, ma soeur est décédé de son cancer de l'ovaire, et du coup les élèves de ma classe ont fini par l'apprendre et sont venu me voir. J'ai vraiment détesté les entendre parler de condoléances alors que mes deux années ont été gâchées par ces même personnes. Que des hypocrites, je les hais. J'en avais pas beaucoup parlé du décès de ma soeur dans mon premier livre mais évidemment cela m'a beaucoup affecté. À la fin de l'année scolaire, je ne savais pas vers quel métier me diriger alors j'ai finalement atterri dans une autre MFR celle de Puypéroux. J'y ai passé deux années assez calme pour une fois... J'ai rencontré ma meilleure amie aussi ! Je ne sais plus vraiment comment on a fait pour se rapprocher petit à petit mais dans tous les cas avec ce que j'avais vécu précédemment cela m'a fait beaucoup de bien. Quant à la vie à la maison, mon frère avait beaucoup changé, car il devenait agressif avec tout le monde et qu'il avait même frappé mon père. Donc autant dire qu'à la maison l'ambiance était assez tendue. Je précise quand même que la situation conjugale régressait car mes parents ne parlaient pas beaucoup entre eux et ne se faisaient plus de mots doux. L'ambiance de la maison n'étant pas à son comble, je me sentais seul une fois de plus. Je vivais avec cette atmosphère qui je trouve était vraiment insoutenable. Du coup, à la MFR je continuais à me mutiler sans que cela se sache. Il m'a fallu un peu de temps pour m'habituer à la douleur, mais comme cela dure maintenant depuis pas mal de temps, je n'avais aucun problème de souffrance. Mes deux années passèrent assez rapidement. Je n'ai d'ailleurs pas précisé que la formation que je faisais était pour préparer le BAC PRO SAPAT (Services Aux Personnes et Au Territoires) que j'allais passer ensuite à la MFR de Richemont. Ah ! J'allais oublier de dire que j'ai aussi perdu ma chienne qui s'appelait "Belle". Je l'aimais autant que ma sœur, on était proche car c'est dans ma chambre qu'elle venait pour se réfugier de l'orage. Ma chienne aura tout de même bien vécu, mais elle me manquera à jamais.

Chapitre 3:
Le travail

Bon faisons un grand bond en avant et on se retrouve en 2018, je n'ai pas obtenu mon BAC et je me retrouve à effectuer une mission de service civique à Pôle emploi. Après ça j'ai fait de l'intérim puis un petit boulot de plongeur dans un restaurant, puis j'ai eu un petit contrat pour s'occuper des machines à café ainsi que des distributeurs automatiques. Toutes cette période a été assez difficile à vivre car c'était plus particulièrement mon père qui me poussait à travailler et c'est à partir aussi de cette période où mes idées noires étaient de plus en plus nombreuses. Dû à mon état psychologique, j'avais du mal à me dire qu'il fallait que je travaille et du coup je suis passé voir un médecin au centre de crise. Je me souviendrais toujours de ce qu'il m'a dit, même si ses mots étaient plutôt crus il me disait : "Il faut que tu te mette un coup de pied au cul." Alors c'est ce que j'ai fait et comme dit précédemment, j'ai bossé dans plusieurs entreprises. Seulement voilà, lors d'une mission d'intérim je me suis fait renverser le premier jour par une voiture. La chauffarde roulait à plus de 30 km/h donc la roue de sa voiture m'a roulé sur le pied mais heureusement que j'avais mes chaussures de sécurité sinon je pense que mon pied aurait été encore plus endommagé. Gentil comme je suis, quand je me suis relevé j'ai demandé si la voiture de la chauffarde allait bien. Je me suis absolument pas soucié de ma santé et d'ailleurs en y réfléchissant aujourd'hui j'aurais dû lui faire la morale sur sa conduite. En tout cas, quand cela est arrivé je me suis dit qu'encore une fois de plus je n'avais pas de chance. Moi qui avait décidé de travailler... Voici comment le destin tisse les fils de ma vie. Enfin, tout ça pour dire que j'ai quand même essayé de travailler pour me sortir de mon misérable quotidien. Mais rien n'y fait, dans tous les métiers que j'ai pu exercer, mon esprit ne s'est jamais senti plus apaisé, plus libre. En revanche, travailler sur mes livres me fait du bien même si mon père n'est pas du tout encourageant dans cette voie. Cela me donne l'impression d'avoir une séance de psy gratuitement, je dirais que je m'autosoigne. Aujourd'hui encore, je ne sait quel métier choisir car mis à part l'écriture et le domaine de la psychologie je n'ai obsolument aucune idée de mon futur métier officiel.

Chapitre 4:
Mes relations sociales

J'ai toujours aimé aider les personnes qui m'entourent ou même à distance ! J'avais pris une certaine habitude en 2018 c'était d'aller sur des forums et puis j'essayais d'aider les individus en détresses psychologiques. J'ai réussi pas mal de fois à aider même si en général je m'occupais de personnes mineures. Vous savez, ce n'est pas facile d'aider les jeunes quand vous-même êtes impacté par une grosse dépression. Mais cela me plaisait car je créer du bien pour des personnes qui me sont pourtant totalement inconnues. Bon des fois, je vous avoue que je tombais sur des cas assez spéciaux ou même des personnes qui n'avaient pas du tout envie d'avancer dans leurs malheurs. Je faisais toujours de mon mieux et c'est le plus important à retenir dans cette petite anecdote.

Concernant mes anciens ami(e)s, j'avoue que je n'ai pas toujours été très respectueux envers eux. C'est d'ailleurs pour ça que je n'en n'ai plus beaucoup. Comme dit précédemment, je faisais inconsciemment des choses déplaisantes pour m'éloigner d'eux. C'est vraiment stupide, je sais bien. Mais je n'ai jamais réussi à me contrôler. Cela peut sembler bizarre mais je me suis jamais senti maître de mon corps ni de mon esprit. Aujourd'hui, j'ai pu changer de mentalité et j'ai décidé de garder auprès de moi ceux qui restent comme Joseph ou d'autres. Je sais que je ne fais pas toujours bien mais j'essaie de faire de mon mieux chaque jour.

Avant, autour de moi je ne me sentais jamais en sécurité et ce, même quand je sortais en ville ou dans les supermarchés. J'avais peur des gens, de la foule bref je ne me sentais pas à l'aise du tout. Avec le temps, j'ai pu arriver à enlever ce sentiment même si parfois il refait surface.

J'ai beaucoup de mal à me faire des amis ainsi qu'à les garder mais je finirai ce chapitre en disant que vous pouvez en avoir beaucoup de votre côté mais est-ce qu'ils seront auprès de vous quand il vous arrivera quelque chose ? Pourrez-vous les sentir auprès de vous ? Pourrez-vous leur faire confiance ? C'est tout cela qui détermine les vrais amis, ceux qui resteront gravé dans votre coeur. Entourez-vous de bonnes personnes, je vous le souhaite en tout cas.

Aujourd'hui, quasiment tous mes amis sont à plusieurs kilomètres de moi donc il m'est difficile de les voir. Je me sens donc assez seul.

Parfois, il m'arrive de faire des mauvaises actions pour des personnes en difficultés, par exemple je suis passé devant un SDF seulement voilà, je n'avais pas d'argent à donner étant donné que sur mon compte bancaire j'étais en moins... Et bien je suis allé dans un magasin et j'ai volé de la nourriture pour lui et je sais que ce n'est pas bien mais je me mets à leur place et je me dis que d'avoir faim ainsi que des regards méprisants toute la journée cela devait être lourd. Alors si je pouvais alléger sa journée en lui fournissant de la nourriture cela me rendait juste heureux. Enfin tout ça pour dire que je fais tout pour aider les autres à s'en sortir et cela même si je n'ai rien en retour.

Chapitre 5:
Mes parents

Il y a pas mal de choses à dire à ce sujet. Je tiens à préciser que leurs prénoms ne seront pas divulgués car mon père particulièrement me menace de porter plainte contre moi. Sauf que je n'ai pas peur de la prison, d'ailleurs j'en appelle à la liberté d'expression de la France qui parfois se perd. C'est dire l'ambiance qui règne à la maison en ce moment. Ma mère a toujours été plus compréhensive que mon père. D'ailleurs je la remercie de m'avoir aidé. C'est elle qui s'est occupé de me changer d'établissements quand ça n'allait pas bien au collège et c'est encore elle qui m'emmenait chez le psychologue le soir lorsqu'elle débauchait. J'ai toujours été plus proche d'elle car elle essayait toujours de me comprendre. Je dis ça au passé car aujourd'hui, mes histoires ne l'intéressent plus et elle ne veut plus m'aider. Enfin c'est ce qu'elle me fait ressentir en tout cas. Mon père lui, j'ai beau lui expliquer mes soucis, son point de vue restera le même. Vous savez c'est pas facile de se faire comprendre auprès de qui que ce soit quand on est dépréssif, mais quand c'est vos parents et bien ils ne savent pas réagir ni comment faire. Sur ce point je ne leur en veut pas mais tant qu'ils essaient c'est le principal mais je rappelle que ce n'est plus le cas. Á cause d'une histoire sans grande importance, ma mère à porté plainte contre moi car elle s'est fait mal quasiment toute seule. En faite, elle s'est cogné dans une boite en plastique, ce qui a entrainer un arrêt de travail pendant 10 jours. Mon père évidemment ne me croit pas et ma mère rapporte que c'est de ma faute. Enfin, aujourd'hui mes parents veulent me voir hors de la maison. Ils veulent que j'obtienne mon appartement, mon indépendance et ce fiche du comment je vais obtenir cela. Déjà que c'est difficile de se trouver un logement en règle général, là c'est encore plus dure d'en trouver un sachant que aucun des deux ne veut se porter garant. Ils disent aussi vouloir m'aider psychologiquement mais ne font strictement rien. Mon père de son côté, quand il rend visite à des personnes de la famille raconte tout ce qui se passe dans la maison. Mais il le raconte dans le but de retourner la famille contre moi. Ce qui fait qu'aucune personne ne me contact pour essayer de comprendre ce qu'il se passe. Par la suite, mon père me dit que la famille s'inquiète pour moi sauf que c'est à cause de lui que personne ne me contact. Je sais pas si il se rend compte de tout ça. Moi qui est fait tant de tâches pour eux... Le ménage, la vaisselle, le linge, l'aspirateur et j'en passe car ce chapitre ferait 36 pages. Le résultat c'est que je me retrouve dans une situation où je dois partir de la maison. Parfois mon père viens me parler pour me dire qu'il faudrait me faire soigner et qu'il voudrait que je reste hospitalisé pendant 1 an dit-il. Comme si les hospitalisations duraient aussi longtemps. Et puis souvent il me dit "avance ! Et arrête de regarder le passé" où encore comme je fais des cauchemars tout les soirs il me dit "tu devrais te coucher plus tôt" Mais il ne comprend pas que si justement je me couche tard c'est à cause de ces cauchemars qui me donnent un mal de tête quand je me réveil. Et quand bien même je me coucherais tôt (ce que j'ai quand même tenté) les cauchemars sont toujours présents. Je vous jure que sans leurs dire, parfois je teste des choses pour aller mieux mais rien n'y fait.

En tout cas ma mère n'a jamais été bavarde avec qui que ce soit, on a l'impression qu'elle veut mener sa petite vie tranquille sans soucis. Pendant les conflits, elle est la dernière à prendre la parole sauf quand cela la concerne évidemment. Elle m'avait raconté que c'était à cause de sa propre mère qui elle parlait beaucoup trop et cela à fini par la bloquer. Mais j'ai quand même l'impression que cela l'a encore plus affecté quand ma soeur est décédée. Enfin tout ça pour dire que la vie avec eux est assez périlleuse en ce moment. Et plus le temps passe et plus ma relation avec eux est tendu surtout que parfois mon père cherche à m'énerver. J'ai vraiment l'impression qu'il cherche le conflit. C'est aussi lorsque je me retrouve en présence d'invité il aime beaucoup me rabaisser subtilement. Les invités ne comprennent pas forcément mais moi je ne suis pas dupe. Il dit aussi que c'est en partie ma faute s'il se sépare. Car une fois j'ai trouvé des préservatifs dans son sac pour aller "marcher". Il me rétorqua que c'était normal et qu'il en avait souvent avec lui etc... Mais pourquoi de tel achat si ma mère est soit au travail, soit à la maison. Je ne comprends vraiment pas sa démarche. Je trouve ça vraiment louche... De plus il aurait apparemment juré sur la tête de ma soeur qui je le rappelle est décédée qu'il n'avait strictement rien fait avec une autre femme. Mais comment croire quelqu'un qui cache ses vingtaines de films X dans le placard de la salle à manger. D'ailleurs, petite anecdote "amusante" quand j'étais petit j'ai trouvé des menottes dans la table de nuit de mon père accompagné d'un livre de femme complètement nu. C'est donc pour ces raisons que je n'arrive pas à croire cet homme. Aujourd'hui, mon père a peur de moi car ma mère a sûrement dû lui raconter mes rêves cauchemardesques où je tue mes parents. Quand vient la nuit, mes parents s'enferment tous les deux dans leurs chambres avec leurs clés de voiture. Vous vous rendez compte ? Mes propres parents ont peur de leur fils. Et pourtant ce n'est que des rêves car jusqu'à maintenant je peux affirmer que je n'ai jamais frappé mes parents contrairement à mon frère qui lui ne s'est pas gêné. Et je n'ai jamais volé leurs voitures non plus d'ailleurs. C'est quand même assez triste de vivre comme ça lorsque l'on est une "famille". Parfois je repense à ce que mon père m'a fait subir comme se moquer de moi où me faire comprendre que je servirais à rien dans la société. Mais quand il lira ceci il se dira : "Mais je n'ai rien fait etc" car il ne s'en rend pas compte tout simplement.

Chapitre 6:
Calvaires Hospitaliers

J'ai effectué plusieurs séjours dans des centres spécialisés. Le premier, passé à la clinique psychiatrique "Korian Villa Bleu" à Jarnac. Dans un premier temps, c'était en 2020 et avant de m'y rendre, je me suis fait tester pour le Covid-19. Puis, une fois arrivé là-bas je suis resté 5 jours quasiment enfermés dans une chambre car je n'avais qu'une heure de sortie par jour. Les jours passent et je m'ennuie pas mal durant ce temps car n'étant pas sociable je ne me suis pas intéressé aux autres patients. Après les 5 jours, je fus changé de chambre ! Je me suis dit qu'enfin venait l'heure de me soigner avec des spécialistes de la santé mentale. Seulement voilà, le psychologue ne passait que très tôt le matin et n'étant pas matinale, il m'était difficile d'ouvrir ne serait-ce qu'un seul oeil à cause de la nuit passée. Malgré tout, je faisais quand même l'effort de tout raconter à ce psychologue. Ce n'est pas facile quand vous rencontrez une nouvelle personne et que vous devez affronter encore une fois le passé afin de tout raconter à cette dernière. Seulement, il ne restait que 5 minutes avec moi... Je me suis dit que c'était les premières séances et que cela allait évoluer. Mais pas du tout ! Tous les jours se passaient exactement comme ça. Ce n'est pas avec 5 minutes de psy chaque matin que j'allais résoudre mes problèmes. Du coup vu l'ennuie que je trainasse avec moi durant ces longues journées, je peux dire merci à mon ami Joseph qui parfois me rendait visite et m'apportait si gentiment un Mcdo. Car la nourriture là-bas est plutôt bas de gamme et elle est servie en petite quantité. J'ai appris par la personne qui était dans la même chambre que moi qu'il faisait des activités comme de la sophrologie ou du sport. Je me suis dit qu'il serait peut-être pas mal que les soignants m'inscrivent sur l'une de ces activités, donc j'ai demandé aux infirmières quand est-ce que je vais pouvoir faire quelque chose. Les jours passent et toujours rien mon emploi du temps était aussi vide que mon compte bancaire. Jusqu'à une certaine semaine où je voyais enfin que j'avais une activité : le sport ! Bon cela allait me faire du bien pour mon physique. Mais je n'avais que cela de prévu dans ma semaine donc l'ennuie était encore présent. On arrive vers la fin de mon séjour dans cette clinique et j'y serais resté un mois entier. L'avant-dernier jour j'aurais pu essayer la sophrologie que j'ai trouvée très intéressante d'ailleurs. Je n'en avais jamais pratiqué avant ce jour et je me demandais bien en quoi cela consister. Si je dois faire un débrief de ce séjour, il ne m'a servi quasiment à rien. Il m'a juste servi à m'éloigner de la maison dans laquelle se passe des embrouilles mineures pour des grosses prises de tête. Voilà donc mon séjour dans cette clinique.

Concernant le deuxième établissement, je suis allé à Camille Claudel en 2021, il est plutôt réputé pour ses différents services. Moi je suis allé dans un service plutôt calme s'appelant Henri Ey. Je suis resté en tout 1 mois et demi seulement voilà, dans cet établissement les psychologues ne sont disponibles que si on les demande. Ne faisant aucune activité durant mon séjour, ma principale occupation était d'aller dans le coin fumeur pour fumer mon cigare en écoutant de la musique avec mon enceinte. Je faisais plaisir aux gens qui s'y trouvaient en mettant la musique qu'ils souhaitaient. J'ai découvert qu'il y avait une limite de temps concernant les jours passés là-bas. Donc il y avait cette fille qui avait un problème psychologique, elle demandait à tous les patients de sortir avec elle et je dis ça en connaissance de cause. C'était d'ailleurs assez malaisant à vivre parce que dans le fond tu ne veut pas lui faire de mal ni lui briser le coeur mais faut quand même se rappeler que je me trouve dans un centre psychiatrique. Dans ce service, j'ai pu faire pas mal de connaissances avec des personnes très gentilles. Pourtant, dans ce genre de service on peut s'attendre à rencontrer des "fous" mais finalement ce sont des personnes comme vous et moi. Je passe la plupart de mon temps à fumer et boire du coca zéro. Un jour, je fus changé d'établissements pour aller quasiment à côté de celui où j'étais avant. J'ai donc demandé le jour même pourquoi et on m'a répondu "C'est comme ça" . Surtout que l'on m'a annoncé que je n'allais plus être seul dans la chambre. Je leur avais pourtant précisé que seul je dormais déjà assez mal mais il a fallu que l'on me mette en chambre double. J'ai appris plus tard que c'était du fait que je connaissais personnellement un membre du personnel. Cette personne était dans ma classe quand je faisais mon BAC PRO SAPAT. J'étais assez ému de quitter les gens avec qui j'écoutais de la musique. Une fois arrivé dans ce nouveau service, je rencontre l'occupant de la chambre avec qui j'allais passer le restant de mon séjour. Il était assez sympathique mais lorsque venait la nuit, il tentait souvent de me réveiller en faisant du bruit car je ronflais beaucoup. Du coup mes nuits étaient assez dures à passer mais je rattrapais mon sommeil perdu dans la journée car la personne n'était pas dans la chambre l'après-midi. J'ai fait aussi la connaissance d'une fille qui avait le sourire ainsi que le rire facile. Cela me donnait pas mal le sourire et c'est pour cela que je voulais absolument resté en contact avec cette personne. Alors comme je suis très timide, j'ai pris mon courage à deux mains et puis je lui ai demandé son numéro de téléphone. Au début elle a bien sûr cru que je désirais sortir avec elle et je l'ai donc rassuré que ce n'était pas le cas. Comme elle disait, un centre psychiatrique ce n'est pas Meetic. Elle a donc accepté et j'étais bien soulagé. Les jours passent et je rencontre un psychiatre qui m'annonce que mon séjour est bientôt terminé, au moment de partir je n'ai malheureusement pas pu dire au revoir à ma nouvelle amie. Ce que je regrette d'ailleurs, mais j'aurais de ces nouvelles plus tard grâce à son numéro. Pour faire une sorte de bilan de ce séjour je dirais que cela n'a rien changé à ma vie mise à pars mon nouveau traitement médicamenteux. Il est plus lourd à supporter car les doses sont plus fortes, mais au moins je pouvais m'endormir assez rapidement grâce aux somnifères prescrit par le psychiatre. Pour conclure ce chapitre je dirais que les infirmiers ainsi que les psychologues font leur travail mais sans plus. Je ne me suis pas senti franchement écouté et puis le fait que moi aussi je sois sorti sans être soigné prouve l'incapacité de ces derniers. Pour eux, le soin doit être appliqué à l'extérieur de l'établissement par ma psychologue du CMP. Seulement je n'arrive pas à me faire avancer avec elle car le courant ne passe pas entre nous. La psychiatre du CMP, je ne la vois pas non plus régulièrement. Je me demande parfois pourquoi les rendez-vous de ces deux personnes sont aussi espacés. De plus, la psychiatre n'est disponible que le matin, sauf que je les ai prévenu que je n'avais aucun moyen de locomotion. Du coup je dois faire renouveler mes ordonnances par téléphone. Vous savez des fois je me passerais bien de mes médicaments vu qu'ils me fatigue. Mais je ne peux me permettre de louper une seule journée car certains sont indispensables pour mon coeur. Oui hélas j'ai aussi des problèmes de tension à cause de mon poids. Si je loupe ne serait-ce qu'un jour, je vais me sentir extrêmement mal et je vais avoir le tournis accompagné d'un mal de tête. Il est temps pour moi de vous parler de quelque chose qui a son importance dans mon mal-être. Aujourd'hui, je ne fréquente plus ma psychologue car elle ne m'étais d'aucune utilité. J'ai appris à ma dernière séance que je souffrais non seulement d'une dépression mais aussi d'un trouble du caractère.

J'ai effectué ma dernière hospitalisation en cette fin d'année 2021 et les médecins m'ont encore augmenté mon traitement. Un jour, j'ai voulu sortir de l'établissement avec mon testament afin de le poser chez le notaire. Mais les infirmiers m'ont vu et m'ont ramené dans le service. J'ai pu parler avec eux-mêmes s'ils étaient déjà au courant de mon projet. Puisque à la base je faisais cette hospitalisation exprès. À la suite de ça j'ai été transféré dans un autre service qui était plus fermé. C'est-à-dire pas d'accès au parc extérieur etc... Les jours passent et j'ai encore voulu me suicider à l'aide d'un flacon de poppers. Je l'ai bu entièrement et je me souviendrais toujours de son goût qui était juste horrible. Je me suis ensuite habillé en costard et me suis allongé sur mon lit en attendant de mourir. Mais évidemment, cela n'a pas marché. Ce fut encore un échec. Après cette tentative, je n'ai plus rien tenté jusqu'à la prochaine. En revanche faudrait-il remettre en cause la fouille des patients entrant dans le service ? Oui je pense. Cela aurait pu être quelqu'un d'autre.

Chapitre 7:
Maudits Cauchemars

Ah.... Les cauchemars sont présents dans mon quotidien, dans mes nuits plus précisément. Je ne fais que des cauchemars depuis l'année 2020 et à chaque fois que je me réveille j'ai non seulement mal à la tête mais aussi une certaine difficulté à retourner à la réalité. Ces derniers concernent tout type de sujet, par exemple je peux faire la guerre et finir par mourrir d'une balle dans le crâne, ou encore me retrouvé en prison car j'ai tué ou fais du mal à quelqu'un. Parfois ce sont des rêves en rapport avec mes anciens amis où je me retrouve dans des situations assez intense. Monde parallèle avec des péripéties improbables ou encore j'ai déjà rêvé de tuer mes parents à coup de couteau. C'est donc pour tous ces cauchemars que je me réveille avec un mal de tête et une difficulté à revenir à la réalité. Ces cauchemars me hantent au point de me mettre au lit assez tard afin d'éviter ces derniers. J'ai actuellement beaucoup de mal à supporter tout ça car cela attaque mon morale sur toute ma journée. Du coup je m'épuise à rester sur mon ordinateur ou mon téléphone jusqu'à limite m'endormir sur ces derniers. Normalement les cauchemars reflètent des situations vécues ou servent à mieux appréhender ce que l'on va affronter seulement les miens sont des choses qui ne se sont pas produites. Mon cerveau devient de plus en plus malade à force d'avoir se stresse permanent dans mes rêves. C'est devenu très difficile et cela m'affecte beaucoup de vivre cela. Surtout pour dire que si vous vivez cela plus d'un an, cela vous change beaucoup et vous met le moral à zéro chaque jour. Les nuits sont faites pour se reposer physiquement et psychiquement mais hélas ce n'est pas mon cas.

Chapitre 8:
La Vie, une Illusion d'Optique ?

Pour commencer, je dirais que ce chapitre risque d'être long car j'ai beaucoup de choses à dire. Je me demande souvent pourquoi je suis né, pourquoi mes parents ont décidé de me mettre au monde. Personne ne mérite de vivre une vie comme la mienne, personne ne mérite d'être insulté, harcelé ou même être frappé. J'ai longtemps réfléchi à comment je pourrais aller mieux dans ma tête mais cela ne fait qu'empirer de jour en jour. Surtout que l'on n'a pas le droit de mettre fin à ses jours car c'est considérer comme être un lâche. Sauf qu'avec quelques phrases je vais vous expliquer pourquoi on a le droit de baisser les bras. Dans la vie, on affronte toutes sortes d'épreuves et souvent on dit que "Dieu" vous choisit car c'est pour vous rendre plus fort. Mais c'est faux ! Car la vie est comme cela pour quasi tout le monde ! En fait j'en veux à la vie d'être ce qu'elle est. Que l'on meurt où que l'on vive, la Terre ne s'arrêtera pas de tourner les personnes qui ne vous connaissent pas ne sont pas au courant de votre histoire, de votre vécu. J'en veux aussi aux personnes qui font énormément de mal à ce monde comme les harceleurs, les meurtriers, les terroristes etc... Pourquoi toutes ces personnes nous font-elles du mal ? Pourquoi le monde n'est pas fait de personnes attentionnées ? Je n'ai malheureusement pas de réponse à mes questions. Ce que je peux vous dire c'est qu'il m'est insoutenable de vivre dans un monde pareil. Pourquoi aussi certaines personnes sont-elles égoïstes ? Pourquoi certains jeunes se maltraitent entre eux ? Toutes ces questions méritent d'être posées. Le monde est globalement fait de mauvaises choses comme le travail que peu de personnes n'aiment. Je prends l'exemple de mon père qui a chaque fois rentre à la maison et se plains de ses conditions de travail, de son salaire et j'en passe. Alors pourquoi est-on obligé d'exécuter un travail qui nous plaît pas ? Pour l'argent ? Mais si on pense comme cela on va finir au bout d'une corde ! Déjà que sans le travail, de nombreuses personnes ce suicide chaque année à cause de problèmes personnels. Je prends mon exemple car j'ai tenté plusieurs fois des mélanges médicamenteux et je suis hélas toujours en vie. J'ai vraiment l'impression que les personnes ne se rendent pas compte du monde dans lequel on vit. Pourtant, plusieurs chansons dénoncent la difficulté de la vie mais cela ne suffit pas. Et si les personnes sont au courant que le monde est triste pourquoi restent-elles ? Car jusqu'à maintenant je n'ai personne autour de moi qui m'a dit : "Moi je suis épanoui dans ma vie". Et quand bien même on me le dirait je n'y croirais sous aucun prétexte. Et malgré les manifestations que font des milliers de personnes pour améliorer les conditions de travail ou pour d'autres raisons que j'ignore il n'y a aucun effet. Aucune décision n'est prise. Vous me direz en même temps ces messieurs-dames assis dans ces fauteuils rouges sont assez bien payés pour se moquer du reste de la population... Car oui la politique (bien que je ne sois pas fan) nous mène à coup de bâton. Ces politiciens qui se crient dessus et effectue des débats en direct à la télévision n'ont vraiment aucun sens. Il faut quand même que vous sachiez que 29 personnes se suicident par jour. Vous savez combien il y en a par an ? Non ? Et bien 10 500 chaque année. Ce qui m'amène à un autre sujet en rapport avec le suicide, pourquoi les homosexuels ne sont pas respecté ? La vie est déjà difficile et en plus de cela nous ne pouvons choisir avec qui on veut passer notre vie ? J'essaie de les protéger car tout simplement je me mets à leur place et vivre un harcèlement ou une humiliation publique ne fait de bien à personne. Au contraire, cela amène à encore plus de suicide ou des personnes traumatisées. Je trouve cela tout simplement horrible. En écrivant ces phrases je vous envoie beaucoup de soutien et je vous demande de ne pas renoncer à ce que vous êtes. Ne vous construisez pas de masque ! Soyez vous-même ! J'ai fait cette petite parenthèse car peu de personnes ne soutiennent cette cause. Enfin voilà pourquoi la vie est une illusion d'optique, car la vie est tout simplement triste. On perd des proches, on possède un travail qui nous plaît pas, on se fait harceler, violer, tuer et j'en passe. Vous savez quand je me balade sur certains sites j'ai vu hélas des personnes prenant plaisir à attacher une petite fille à l'arrière d'une voiture et ils l'avaient trainé sur plusieurs mètres. Je trouve cela ignoble, pourquoi ces personnes sont-elles toujours en liberté ? Cette vidéo m'a ouvert les yeux sur la réalité de ce monde. Nous ne sommes pas en sécurité dans notre monde et cela va aller de plus en plus crescendo. Je n'encourage personne à mettre fin à ses jours mais cette vie n'est pas la même quand on est un enfant. Á ce stade, on ne sait pas encore que la vie va nous mettre un coup de poignard dans le dos et enlever les étoiles qui se trouvent dans nos yeux. J'envie énormément les personnes qui ont un métier qui leur plaisent. Car même si le salaire ne suit pas au moins on peut se dire que l'on va se lever et aller travailler de bonne humeur. On dit qu'il faut vivre le négatif pour apprécier le positif, moi je vis dans le négatif et je n'en sors jamais. La vie que l'on mène c'est plutôt : "Travaille, paye, consomme et crève". Les citoyens français sont assez hypocrites aussi car c'est seulement dans des situations extrêmes que se réunissent ces derniers. Je viens de voir un article ou une prof de lycée est agressé par un de ses élèves. Cela montre bien encore une fois ce qu'est la vie réellement. Je trouve qu'il y a une énorme augmentation de l'agressivité de nos jours. Les personnes différentes se font frapper, d'autres au lieu d'agir se contente de regarder et pire de filmer pour poster la vidéo sur les réseaux sociaux. Enfin, sinon j'ai vraiment l'impression que c'est chacun pour soi et puis c'est tout. Je me suis tant battu pour avoir une vie saine et finalement me voilà entrain de vous écrire mes pensées sombres. Pour conclure ce chapitre, je finirais par la fin de notre vie c'est-à-dire au moment de notre mort. Je trouve cela quand même assez affligeant que la mort soit un commerce pour certaines personnes. Les plaques, les cercueils, l'enterrement etc... Je ne dis pas qu'on devrait payer, mais il faudrait que ce soit remboursé tout simplement. Perdre un proche c'est déjà une épreuve difficile mais faudrait en plus payer pour pouvoir lui dire au revoir comme il se doit. Je pense d'ailleurs que le deuil n'existe pas car on aura chaque jour de nos vies une pensée pour la personne qui, elle est parti dans un monde meilleur et sans quelconques violences. Je finirais par dire que qui que nous soyons, notre vie se termine de la même manière, la mort nous attend à la fin. J'aimerais rajouté que tout ça, je n'aurais jamais pu le dire sur un plateau télé, on ne m'aurait pas accordé autant de temps pour m'exprimer.

Chapitre 9 :
L'amour tu mens

Dans le peu d'histoires d'amour que j'ai eu, je peux vous affirmer que j'ai pu ressentir le fait d'être aimé, être chéri pour ce que je suis. J'ai aussi pu ressentir le bonheur comme la douleur. On traverse un océan de sentiments. Seulement l'océan peut parfois être agité. Je vous assure que l'amour est pourtant le meilleur sentiment que l'être humain peut ressentir. Mais il y a différents types d'amour comme l'amour d'un jour quand on est enfant, puis viens l'amour de quelques mois quand on est collégien et enfin le vrai l'unique, l'amour adulte. Pour ceux qui ont de la chance, l'amour de collégien peut durer plus longtemps mais de nos jours c'est quand même assez rare. Quand l'amour se termine en revanche, on est en colère contre cette dernière. On se demande pourquoi cela existe si c'est pour apporter du mal. Le seul remède à cette souffrance c'est le temps. Ce n'est pas la peine de vous farcir la tête et de vous dire qu'il faut juste oublié. La personne sera toujours là dans votre tête à vous hanter. Oui, une rupture est comme la fumée d'une cigarette, elle se dissipe peu à peu. Après, il y a les personnes qui cherchent l'amour d'un soir et ce sont ceux qui ont le plus raison d'ailleurs. Je ne vous souhaite pas d'avoir une rupture avec quelqu'un et de connaître ce sentiment de frustration. L'amour est un sujet complexe qui mérite beaucoup d'attention par les psychologues. Une rupture peut faire beaucoup de dégâts psychologiques et peut même faire passer certaines personnes au suicide. Je raconte tout cela car je l'ai vécu et je sais ce qu'une rupture pourra vous provoquer. Et que si vous n'avez personne sur qui vous appuyez quand cela arrivera, cela risque d'être difficile à surmonter pour vous. Je ne préfère clairement pas mettre des paillettes dans les yeux des gens en disant que c'est facile et que ça va aller si ce n'est pas le cas. Je n'aime pas mentir et encore moins dans mon livre. La tendresse que l'amour peut provoquer est aussi incroyable. De nos jours, l'amour se perd et laisse place à la traitrise et aux mensonges. Attention l'alcool n'est pas du tout un remède pour les coeurs brisés au contraire vous ne vous sentirez que plus mal qu'avant à cause de la fameuse gueule de bois du lendemain. En tout cas, je finirais par dire que je suis tout de même heureux d'avoir connu l'amour. Car malgré les points négatifs, quand on se serre contre l'être aimé, on se sent en sécurité. Et ce sentiment de sécurité est tout simplement meilleur quand on le vit à deux.

Chapitre 10 :
Raisons et Comparaisons

Et si maintenant on comparait mon premier livre au deuxième ? Je pense que pas mal de choses ont changé depuis. Déjà je pense fortement que j'ai accordé beaucoup d'attention à mon histoire d'amour avec cette jeune fille. Mais cela m'était nécessaire pour avancer et je m'excuse si cela vous a dérangé de lire à peu près 20 pages de cette histoire. Donc avant je n'avais pas encore une certaine résolution que je vais vous annoncer dans le chapitre 11. Je pensais que j'allais m'en sortir et revivre à nouveau en tant qu'homme heureux et épanoui. S'il y a bien quelque chose de changé c'est ma consommation d'alcool car je m'étais abandonné dans cette dernière due à ma séparation. Et aujourd'hui je suis fier de pouvoir dire que je suis devenu raisonnable. Je bois occasionnellement et je diminue aussi le fait de fumer. D'ailleurs je ne supporte plus certains alcools comme le whisky. J'ai aussi pu obtenir mon AAH (Allocation

Adulte Handicapé) mais je ne suis hélas pas encore parti de chez mes parents car c'est assez compliqué de trouver l'appartement qui va bien. J'ai aussi essayé d'arranger les choses avec mon frère mais je suis pour le moment sans réponse positive. Ensuite le point le plus important c'est que je n'ai toujours pas passé l'arme à gauche ! Car pour être honnête avec vous à la sortie du premier livre je ne pensais pas survivre autant. Et enfin je finirais par dire que j'ai su garder mes amis proches. Je pense que c'est un autre point important car ils m'apportent de l'aide quasiment chaque jour ! Rien que le fait de penser à eux m'aide un petit peu. Je me suis résigné que ceux qui voulaient partir partent et ceux qui restent je les remercierait jamais assez. Avant, j'accordais beaucoup trop d'importance à ceux qui se fichaient complètement de ma présence. Donc voilà, j'ai su raisonner de la bonne manière. Je pense avoir fait pas mal de progrès dans ma vie et j'ai su avancer avec ceux qui méritent d'être avec moi. Je peux être fier de ce que je suis devenu.

Chapitre 11 :
Là où je pars

Je m'apprête à vous dévoiler une lettre écrite à mon médecin de famille. Je tiens à ce qu'il reste anonyme pour qu'il n'est aucun problème avec la justice. J'ai écrit cette lettre récemment et je tenais à vous la présenter. Voilà pourquoi j'ai écrit ces livres ! Ce n'était pas seulement pour vous mes lecteurs mais aussi pour ces personnes qui vont m'aider à changer de monde. Donc voici maintenant la lettre.

Lettre pour le Docteur *******

"J'écris ces mots pour que vous puissiez me donner l'accès au suicide assisté et comprendre ce que je ressens. Depuis plusieurs années, je souffre d'une grosse dépression. J'ai vu plusieurs médecins, plusieurs infirmiers, en bref plusieurs professionnels de santé. Aujourd'hui, je me sens toujours aussi mal même avec mon nouveau traitement. Je n'arrête pas d'être tourmenté par mon passé ainsi que par mon avenir (peur d'exécuter des actions très noires). Je sais que cela peut paraître insensé car vous ne m'avez jamais connu comme cela. Mais c'est ce que j'ai toujours ressenti depuis mon enfance. Et maintenant il est temps que cela cesse, il est temps de me libérer de mon mal-être. Je me suis renseigné sur internet et du coup je vous adresse cette lettre qui est ma dernière solution pour me sortir de ce monde dignement. Je vous en conjure, sauvez-moi de cette vie. Je termine par dire que je me suis battu toutes ces années et que maintenant je suis à bout de forces, je suis coincé dans cette spirale de la mort.

Donc merci de comprendre qu'il faut me donner cette chance."

Donc voilà je vais donc récapituler pour vous si vous n'avez pas bien compris. Je demande exactement le suicide assisté car je n'en peux plus. Mes cauchemars, ma vie familiale, mon avenir, ma vie en général... Je ne veut plus subir mes pensées qui sont extrêmement lourdes. Je demande tout simplement de partir dignement de ce monde. Et si hélas ma demande est refusée je vais devoir en finir d'une autre manière car pour moi, j'ai tout tenté. Les psychologues, les médecins, les psychiatres ainsi que les hospitalisations mais rien n'y fait. J'ai aussi essayé de vivre sainement ! J'ai arrêté l'alcool et j'ai pendant un moment essayé de prendre soin de mon corps en faisant du sport. Mais je me suis finalement rendu compte que ce qu'il me fallait c'était partir. Partir définitivement et même si je laisse le peu d'amis que j'ai derrière moi. Je veux faire cela dans les règles car je veux faire comprendre aux derniers professionnels qui liront ceci que j'ai toute ma tête et que ce n'est pas un choix de facilité. C'est mûrement réfléchi et j'y compte beaucoup. Je sais que la mort létale est interdite en France mais en Suisse s'est autorisé mais pas assuré. Je fais donc tout mon possible pour que ma demande puisse être validée. J'ai aussi entendu dire qu'il fallait payer pour rapatrié le corps au cimetière de mon choix mais je n'ai que faire de ce qu'ils feront de mon corps et d'ailleurs les médecins peuvent me prélever n'importe quels de mes organes car si je peux faire une bonne action de plus avant de partir je ne vais pas refuser. Mon corps peut être ensuite déposé dans une fosse ou dans une déchetterie je n'en n'ai rien à faire. Car ce n'est pas mon emplacement dans le sol qui comptera pour la suite, mais l'emplacement de tout ce que j'ai réalisé dans ma vie. Le bien que j'ai procuré aux gens comme l'aide, le soutien que j'ai réalisé à ces derniers. Chaque chose à sa place et la mienne se trouve dans le coeur de ceux qui m'ont réellement aimé. Je ne doute pas en revanche que cette décision fasse mal à plusieurs personnes mais il faut essayer de comprendre que j'ai besoin de soutien dans cette démarche plus que jamais. Je le répète ce n'est pas un choix égoïste c'est réellement ma volonté. D'ailleurs, il fut un temps où je croyais au paradis ainsi qu'a Dieu mais maintenant, quand je vois comment fonctionne le monde je me demande si je devrais encore y croire. Il m'arrive parfois de prier bêtement en me disant que j'aurais ma place avec les gens bien comme ma soeur partie trop tôt. Puis le lendemain je fais comme si de rien était. J'ai vu que certaines personnes avant de mourir décrivaient une certaine lueur blanche venir vers eux. D'autres se sont vu voler au-dessus de leur corps. Enfin, c'est pour dire que finalement tant qu'on ne l'a pas vécu on ne sait pas vraiment. J'ai vraiment hâte d'arriver au moment où je vais mourir. Non, cela ne me fais pas peur je sais que l'on s'endort simplement en ne se réveillant plus jamais. Et c'est ce que je veux. S'il faut réellement payer ma mort alors je souhaite de faire assez de vente pour avoir suffisamment d'argent afin de partir tranquille. Arriver au moment opportun, comme je me connais je vais lâcher une seule larme. Pourquoi une seule ? Car je n'arrive plus à pleurer tout simplement. J'ai remarqué que je pleurais seulement lorsque je suis extrêmement fatigué. La dernière fois que j'ai réellement pleuré c'était lors de ma rupture avec Emilie. Je suis conscient que je vais faire de la peine à mes parents mais comme pour ma soeur ils s'en sortiront encore. Avec des dommages mais ils s'en sortiront. Même s'ils n'ont pas toujours été là pour moi ils ne sont pas pire que d'autres. Je pense que le regret que j'aurais c'est qu'ils ne seront sûrement pas auprès de moi quand j'appuierais sur le bouton qui m'éteindra définitivement. J'aurais aimé aussi que tous mes amis respectifs sois présent mais je sais pertinemment que ce ne sera pas possible étant donné que je serais en Suisse. Je ne sais pas encore à qui je vais léguer mes affaires. Je ne sais même pas d'ailleurs comment rédiger un testament. Mon ordinateur a d'ailleurs bien plus de valeur que tous mes vêtements réunis. C'est dire comme je m'habille bien... Oula, est-ce parce que je m'approche de la fin que je fais de l'humour ? Peut-être. Quoi qu'il en soit j'aimerais quand même remercier les personnes qui auront été près de moi durant ma vie. Mes amis, ma famille ainsi que divers inconnus qui m'auront fait sourire. Oui, je vous souhaite de sourire dans votre vie, souriez tant qu'il est temps. Apparemment sourire diminue le stress et votre mal-être. Enfin bref, j'aurais quand même vécu pas mal de choses en 23 ans d'existence. Des sorties en famille, des festivals entre amis, des soirées bien arrosées et j'en passe ! Je n'ai évidemment pas tout vécu mais je suis déjà fier d'avoir effectué toutes ces choses. Toutes les personnes gentilles que j'ai rencontrées pendant mes stages comme le publique de l'EPN (Espace Publique Numérique) ainsi que l'animateur qui s'en occupe. J'aimerais aussi remercier la mission locale qui m'a apporté l'aide financière nécessaire. Enfin en tout cas je suis certes malade mais je suis encore vivant pour le moment et mes livres resteront dans vos mémoires. Si je viens à mourir j'aimerais que vous vous souveniez de moi comme quelqu'un qui a toujours fait ce qu'il faut pour être heureux. Je me suis donné les moyens d'y arriver même si ma vie aura été périlleuse. Je suis aussi une personne qui aura bien voyagé ! Je suis parti à l'exploration de la France ! J'ai fréquenté les petits villages de France comme les plus grandes villes ! (Paris, Bordeaux, Nancy etc...) J'aurais beaucoup aimé visiter le Japon mais hélas je n'ai pas assez d'argent et puis nous sommes encore en période de Covid.

En tout cas je vais m'apprêter à partir dans un monde meilleur et je remercierais jamais assez les personnes qui m'ont entouré. J'aurais traversé toutes les émotions possibles dans ma vie et c'est d'ailleurs valable pour vous aussi ! Que vous soyez âgé ou jeune vous avez déjà ressenti la tristesse comme la joie ou encore la colère. J'ai beaucoup aidé mon prochain même si j'ai dû transgresser la loi pour cela. Pas tout le temps évidemment mais je fais référence à l'histoire du SDF. Je suis un grand enfant encore ah ah. Cela m'arrive de rigoler pour pas grand-chose mais comme dis précédemment le sourire est quelque chose qui se perd de nos jours, et je souhaite quand même que vous mes lecteurs lectrices vous puissiez sourire tout le temps. J'imagine parfois que si le monde était moins brute, moins dangereux moins ce qu'il est en fait... Toutes les personnes sur Terre seraient heureuses. C'est un peu un discours de gauche mais c'est la vérité. La fin du livre approche et je suis vraiment ému en écrivant toutes ces phrases. Je ne vous promets pas un troisième livre mais si c'est le cas c'est que j'aurais été sauvé d'un miracle mais on sait tous que cela n'existe pas. Malgré mon absence, le monde ne s'arrêtera pas de tourner pour autant. Vous allez continuer de rire, de pleurer en bref de ressentir des émotions. Je vous souhaite le meilleur pour vous et votre famille. Je suis en train de me rendre compte à ce moment précis que mon premier livre n'a vraiment rien à voir avec celui-ci et que je suis vraiment fier du travail que je fournis. Je vais terminer en disant que si ma demande échoue et que je dois en finir par mes propres moyens, je voudrais vous dire que je ne sais pas encore comment je vais m'y prendre car j'ai peur de la douleur. Et pourtant j'ai déjà pas mal d'idée en tête... La pendaison, l'overdose, se trancher les veines et j'en passe.

Tout ça pour dire qu'il y a beaucoup de moyens mais qu'il faut que je fasse le dernier effort afin d'être paisible à jamais.

Là où je pars est un monde meilleur donc ne vous en faites pas pour moi ! Je serais sûrement plus heureux que vous pour toujours ! J'ai vraiment hâte de terminer ma souffrance ! Ce n'est vraiment pas une vie de souffrir chaque jour.

Bon je crois vous avoir tout dit maintenant. Vous avez pu apprendre ma souffrance, ma vie en général, mon état d'esprit actuel et passé. Vous avez pu aussi comprendre pourquoi je voulais en finir avec tout ça.

 J'aimerais une dernière fois vous remercier d'avoir acheté ce livre car plus de gens découvriront mon histoire et mieux ce sera !

Je ne sais pas toujours m'exprimer correctement mais par écrit c'est plus facile même si j'ai l'impression que j'aurais aimée vous en dire plus. J'ai la sensation aussi d'oublier de vous dire des choses mais ce que j'ai oublié sera dans le chapitre suivant ! Donc pas de panique.

J'espère que vous aurez apprécié ces 2 livres. Même si le premier ne parle quasiment que de mon histoire d'amour raté... J'en suis désolé d'ailleurs mais cela m'a servi à avancer psychologiquement. D'ailleurs si je devais conseiller un de mes deux livres ce serait clairement celui-ci ! Je le trouve plus complet et puis forcément plus émouvant.

Bon, c'est avec la larme à l'oeil que je dois vous dire au revoir. Je ne préfère pas dire adieu comme on ne sait jamais.

Merci encore.

Chapitre 12 :
Mystérieuse Vidéo

Dans ce dernier chapitre c'est tout simplement un QR CODE que je vous mets comme ça pour que vous puissiez si vous le souhaiter aller jeter un coup d'oeil. C'est une vidéo qui pourra vous paraître bizarre mais elle est nécessaire. Sur ce, je vous laisse découvrir ça !

Merci beaucoup d'avoir fait ce dernier effort pour moi ! Cette fois-ci je vous dit réellement au-revoir ! Je vous souhaite beaucoup de bonheurs.

N'hésitez pas à me rejoindre sur mon compte Instagram, Youtube ainsi que mon Twitter :

RECBAST

FIN

Édition : BoD – Books on Demand, 12/14
rond-point des Champs-Élysées, 75008
Paris
Impression : BoD - Books on Demand,
Norderstedt, Allemagne
ISBN: 9782322409099
Dépôt légal : Decembre 2021

FSC

www.fsc.org

MIXTE

Papier issu
de sources
responsables
Paper from
responsible sources

FSC® C105338